Benjamin Haag

Über
die hohe Kunst der
Kommunikation

281 geniale Gedanken
großer Geister

© 2017

Benjamin Haag

Gestaltung, Illustrationen: **Stephanie Sansom**

Verlag: **tredition GmbH, Hamburg**

Printed in Germany

ISBN Taschenbuch: 978-3-7439-5845-6
ISBN Hardcover: 978-3-7439-5845-6
ISBN e-Book: 978-3-7439-5847-0

Inhalt

Vorwort

Dies ist ein leichtes Buch – und ein schweres zugleich. Viele Sätze lesen sich leicht. Schwer aber ist ihre Umsetzung in die Tat. Glückt sie, so kann Kommunikation eine Kraft entfalten, die ihresgleichen sucht: Türen öffnen, Brücken bauen, zu neuen Ufern rufen. Die Kunst der Kommunikation zu beherrschen ist von besonderem Wert, zumal sie in alle Lebensbereiche hineinwirkt. Es ist die *allerumfassendste Kunst*, wie Augustinus Aurelius einmal geschrieben hat.

Kommunikation ist so alt wie der Mensch selbst. Auch die Kunst ihrer Beherrschung dürfte in allen Zeiten von großer Bedeutung gewesen sein. Vielleicht ist sie in unsern Tagen sogar größer denn je. Ungeahnte technische Entwicklungen erlauben Kommunikationen jenseits von Raum und Zeit - und machen sie so zu einem allgegenwärtigen Phänomen.

Für dieses Buch haben wir einen Blick in die Vergangenheit geworfen, einzig aus dem Grund, die Gegenwart und Zukunft mit der Kraft der Kommunikation zu gestalten.
Wir haben einen Schatz gehoben. Oder genauer: Wir haben 281 Schätze gehoben: Sprachschätze, Wissens- und Erfahrungsschätze großer Geister. Sie mögen uns inspirieren, im Nachdenken wie im Handeln.

In diesem Buch sind sie versammelt:
281 geniale Gedanken zur menschlichen
Kommunikation. Errungenschaften und Zeugen
des menschlichen Geistes. 136 berühmte Autoren
tragen bei und haben damit ein Meisterwerk
zur Kunst der Kommunikation geschaffen:
Aristoteles, Goethe, Kant, Tucholsky,
Lichtenberg, Twain, Einstein, Freud, Brecht,
Machiavelli, Luther, Busch, Hemingway, Kennedy
und viele andere mehr.

Kein Bereich des Lebens, der nicht vom
Phänomen Kommunikation berührt würde.
So geht es in diesem Buch ums Zuhören und
Verstehen, Sprechen und Schweigen, um Körper
und Stimme, Taktik und Strategie, Stil und Form,
Zungenspitzengefühl und Sprachkritik, Scherz
und Schlagfertigkeit – und um interkulturelle
Kommunikation.

Die Geschichte der Kommunikation ist eine
Geschichte des menschlichen Geistes. Es ist die
immer wiederkehrende Begegnung von Menschen
mit Menschen, die Kommunikation so wesentlich
macht, unser Leben mitgestaltet und verändert.

In zwanzig Kapiteln zeigen wir die zahl-
reichen Facetten menschlicher Kommunikation.
Jedem Kapitel ist eine kongeniale Illustration
vorangestellt, die von Stephanie Sansom
kreiert wurde.

Wir überreichen diesen Schatz allen
an Kommunikation interessierten Lesern.
Einen Schatz menschlicher Kultur, der dann
am wertvollsten ist, wenn er geteilt wird.

Denn der wahre Wert dieses Buches,
lieber Leser, liegt in der Beherzigung,
der Umsetzung, der Tat!

Benjamin Haag, im Sommer 2017

1

Sprechen ist Handeln

Alles,
im Kleinen
und Großen,
beruht auf

Morgenstern

Worte sind auch Taten.
Wittgenstein

Worte und Zauber waren
ursprünglich ein und dasselbe.
Auch heute besitzt das Wort
eine starke magische Kraft.
Freud

Reden und Handeln sind zweierlei;
man muss die Predigt
vom Prediger trennen.
de Montaigne

Böse Zungen tun dreifach weh:
dem, der spricht,
dem, über den gesprochen wird,
und dem, der zuhört.
Jüdisches Sprichwort

Was ins Ohr geflüstert wird,
ist tausend Meilen weit zu hören.
Chinesisches Sprichwort

Hätten wir das Wort,
hätten wir die Sprache,
wir bräuchten die Waffen nicht.
Bachmann

Ein mörderischer Pfeil ist die Zunge.
Bibel

Die Redekunst ist die allerumfassendste Kunst.
Augustinus

Von der Zunge hängt
des Menschen Würde und Glück ab.
Erasmus von Rotterdam

Lasst kein faules Geschwätz
aus eurem Mund gehen, sondern redet,
was gut ist, was erbaut und was notwendig ist,
damit es Segen bringe denen, die es hören.
Bibel

Die Prophezeiung des Ereignisses
führt zum Ereignis der Prophezeiung.
Watzlawick

Nichts macht uns größere Beschwer,
als wenn wir auf das Geschwätz der Menge hören
und in ihrem Beifall, wie es sooft geschieht,
einen Maßstab für das Gute sehen.
Seneca

Ein freundliches Wort kostet nichts
und dennoch ist es das schönste aller Geschenke.
du Maurier

Die wahre Schrift, von welcher
die Buchstabenschrift nur ein Schattenbild ist,
das ist die beseelte, lebendige Rede.
Platon

Sprache ist nicht, Sprache geschieht.
von Foerster

Das harte Wort schmerzt immer,
sei's auch ganz gerecht.
Horaz

Durch Worte kann der Mensch
den anderen selig machen
oder zur Verzweiflung treiben,
durch Worte überträgt der Lehrer
sein Wissen auf die Schüler,
durch Worte reißt der Redner
die Versammlung der Zuhörer mit sich fort
und bestimmt Urteile und Entscheidungen.
Worte rufen Affekte hervor und sind
das allgemeine Mittel zur Beeinflussung
der Menschen untereinander.
Freud

Wäre das Wort „Danke" das einzige Gebet,
das du je sprichst, so würde es genügen.
Meister Eckhart

Worte sind erbarmungslos.
Wilde

Denn was immer Menschen tun, erkennen,
erfahren oder wissen, wird sinnvoll nur in dem
Maß, in dem darüber gesprochen werden kann.
Arendt

Es wird alles immer
gleich ein wenig anders,
wenn man es ausspricht.
Hesse

Wer sich als Herrscher
über die Sprache aufspielt,
hat nicht begriffen, dass es sich
um das einzige Medium handelt,
in dem die Demokratie
schon immer geherrscht hat.
Enzensberger

Etwas, worüber man nicht redet,
ist gar nicht geschehen. Nur das Wort
gibt den Dingen Realität.
Wilde

Es ist unmöglich,
die Menschen zu kennen,
ohne die Macht
der Worte zu kennen.
Freud

2

Zuhören

Die Natur hat
uns zwei Ohren, aber
nur einen Mund
gegeben.

Disraeli

Am besten überzeugt man mit den Ohren –
indem man anderen zuhört.
Rusk

Lerne zuhören, und du wirst
auch von denjenigen Nutzen ziehen,
die dummes Zeug reden.
Platon

Solange man selbst redet,
erfährt man nichts.
von Ebner-Eschenbach

Zuhören können ist der halbe Erfolg.
Coolidge

Wer redet, sät – und wer hört, erntet.
Argentinisches Sprichwort

Nasreddin will auf dem Markt
einen Truthahn verkaufen und stellt sich
neben den Besitzer eines Papageis,
der für sein Tier zehn Pfund verlangt.
Der erste Interessent schreit:
„Bist du wahnsinnig? Der Papagei dort
kann sprechen und kostet zehn Pfund,
und du verlangst zwanzig?"
„Mein Truthahn kann mehr
als sprechen," erwidert Nasreddin.
„Er kann zuhören."
Orientalische Anekdote

Der Mensch hat, neben dem Trieb
der Fortpflanzung und dem zu essen
und zu trinken, zwei Leidenschaften:
Krach zu machen und nicht zuzuhören.
Tucholsky

Gilt es zu hören, sei der erste!
Sei der letzte, wenn es zu reden gilt!
Türkisches Sprichwort

Zuhören überzeugt mehr als argumentieren.
Indisches Sprichwort

Das Hören ist der Ursprung
der vernünftigen Seele, und die Vernunft spricht
mit dem Klang, und der Klang ist gleichsam
Denken und das Wort ist gleichsam Werk.
von Bingen

An allen wertvollen Gesprächen hat der,
der zuhört, fast ein größeres Verdienst als der,
der spricht. Zuhören können ist immer
ein Beweis von Eigenwert.
Graff

Leih jedem dein Ohr, doch wenigen deine Stimme.
Shakespeare

Bei einem Vortrag denkt nach Minuten
sowieso jeder nur noch an Sex.
Freud

3

Sprache: Bedeutung und Verstehen

Ich weiß nicht,
was ich gesagt habe,

bevor ich die Antwort
meines Gegenübers
gehört habe.

Watzlawick

Keiner versteht den anderen ganz,
weil keiner beim selben Wort
genau dasselbe denkt wie der andere.
Goethe

Wie viele Dispute hätten
zu einer Randbemerkung zusammengefasst
werden können, wenn die Disputanten gewagt
hätten, ihre Begriffe klar zu definieren.
Aristoteles

Worte = Taschen, in die bald dies,
bald jenes, bald mehreres auf einmal
hineingesteckt worden ist.
Nietzsche

Sinn ist nicht zu beobachten,
sondern zu verstehen.
Geißner

Die Bedeutung eines Wortes
ist sein Gebrauch in der Sprache.
Wittgenstein

Im Theater wie im Leben ist es
nicht die Sprache, sondern der Sprecher,
der die Bedeutung verleiht.
Tabori

Jedes Wort ist ein Vorurteil.
Nietzsche

Wenn man die Menschen lehrt,
wie sie denken sollen, und nicht,
was sie denken sollen, so wird auch
dem Missverständnis vorgebeugt.
Lichtenberg

Der Hörer und nicht der Sprecher ist es,
der die Bedeutung einer Aussage bestimmt.
von Foerster

Drei Äpfel fielen vom Himmel:
der erste für den, der erzählt, der zweite
für den, der zugehört, der dritte für den,
der verstanden hat.
Mandelstam

Meine Sätze spreche ich,
bevor der Zuschauer sie hört –
was er hört, wird ein Vergangenes sein.
Jedes Wort, das die Lippe verlässt, beschreibt
einen Bogen und fällt dann ins Ohr des Hörers.
Ich warte und höre, wie es aufschlägt.
Ich weiß, wir empfinden nicht das Nämliche
und wir empfinden nicht gleichzeitig.
Brecht

So geht es oft mit einer Unterhaltung:
Nach einer Weile vergeblicher
Auseinandersetzung merkt man, dass man
gar nicht von derselben Sache gesprochen hat.
Gide

Sprache – die Quelle aller Missverständnisse.
de Saint-Exupéry

Diejenigen,
welche widersprechen und streiten,
sollten mitunter bedenken,
dass nicht jede Sprache
jedem verständlich ist.
Goethe

Es ist eine Hauptquelle unseres
Unverständnisses, dass wir den Gebrauch
unserer Wörter nicht übersehen.
Wittgenstein

Sprache ist nicht als ein fertiges Gebilde,
als brauchbares Werkzeug
dem Menschen gegeben worden –
denn sie ist in ständiger
Verwandlung und Bewegung.
Jaspers

In den Diskussionen entstehen
die häufigsten und banalsten Schwierigkeiten
aus dem vielfachen Sinn
des gleichen Wortes.
Jaspers

Ums Wort geht, wie ich denke, der Streit.
Über die Sache besteht Einigkeit.
Seneca

Sein ist Ausgelegtsein.
Sein und Sprechen
und Sprachverleihung ist das,
was Sprache werden kann
und geworden ist,
ist angesprochen, ausgesprochen,
als Sprechen verstehbar.
Nietzsche

Die Grenzen
meiner Sprache
bedeuten die Grenzen
meiner Welt.
Wittgenstein

4

Schweigen
und Diskretion

Siegle
deine Worte
mit

Solon

Im Reden ist Diskretion
viel wichtiger als Beredsamkeit.
Gracián

Von der besten Gesellschaft sagt man:
ihr Gespräch ist unterrichtend,
ihr Schweigen bildend.
Goethe

Verschwiegenheit ist der Stempel
eines fähigen Kopfes.
Gracián

Besser schweigen und als Narr scheinen,
als sprechen und jeden Zweifel beseitigen.
Lincoln

Gesegnet seien jene,
die nichts zu sagen haben
und den Mund halten.
Wilde

Dumme Gedanken hat jeder,
aber der Weise verschweigt sie.
Busch

Man braucht zwei Jahre
um sprechen zu lernen
und fünfzig,
um schweigen zu lernen.
Hemingway

Man soll schweigen oder Dinge sagen,
die noch besser sind als das Schweigen.
Pythagoras

Wovon man nicht sprechen kann,
darüber muss man schweigen.
Wittgenstein

Auch ein Tor, wenn er schwiege,
würde für weise gehalten
und für verständig,
wenn er den Mund hielte.
Bibel

Schweigen wird ja
eine Rarität in unserer Gesellschaft.
Denken beim Reden
ist auch nicht so einfach.
Merkel

Ich habe oft mein Reden,
aber nie mein Schweigen bereut.
Publilius Syrus

Du kannst von dem,
was du nicht fühlst, nicht reden.
Shakespeare

Wer schweigt,
ist immer unangreifbar.
Ovid

Am Baum des Schweigens
hängt seine Frucht, der Friede.
Schopenhauer

Überhaupt ist es geratener,
seinen Verstand durch das,
was man verschweigt,
an den Tag zu legen,
als durch das, was man sagt.
Schopenhauer

Auch kundig schweige.
Solon

Mit bösen Worten,
die man ungesagt hinunterschluckt,
hat sich noch niemand
den Magen verdorben.
Churchill

5

Adressatenbezug

Eine Rede
kann niemals gut sein,
wenn sie nicht zur

Situation

passt und nicht eine
angemessene sprachliche

und neue

bietet.

Isokrates

Wer klug ist, wird im Gespräch weniger
an das denken, worüber er spricht,
als an den, mit dem er spricht.
Schopenhauer

Mancher klopft mit dem Hammer
an der Wand herum und glaubt,
er treffe jedesmal den Nagel auf den Kopf.
Goethe

Eine gute Rede ist eine Ansprache, die das
Thema erschöpft, aber keineswegs die Zuhörer.
Churchill

Wie sprechen Menschen mit Menschen?
Aneinander vorbei.
Tucholsky

6

Gespräch

GESPRÄCH

Wir müssen
immer wieder
das Gespräch
mit unserem
Nächsten suchen.

Das Gespräch
ist die einzige
Brücke zwischen
den Menschen.

Camus

Auf böse und traurige Gedanken
gehört ein gutes, fröhliches Lied
und freundliche Gespräche.
Luther

Genau betrachtet, ist alles Gespräch
nur Selbstgespräch.
Morgenstern

Gespräche zu führen
ist eine aussterbende Kunst,
die es wiederzuentdecken gilt.
Zeldin

Das echte Gespräch bedeutet:
aus dem Ich heraustreten
und an die Tür des Du klopfen.
Camus

Der Freund des Gespräches aber
ist der Freund des Friedens,
der nur auf dem Gespräch
der Menschen miteinander ruhen kann.
von Weizsäcker

Im Gespräch muss man
die Gedanken des Partners unterstützen,
ihnen Raum und Luft schaffen.
Man sollte sie nicht ersticken,
bevor man ihnen widerspricht.
Jünger

Nach manchem Gespräch
mit einem Menschen hat man
das Verlangen, einen Hund zu streicheln,
einem Affen zuzunicken oder
vor einem Elefanten den Hut zu ziehen.
Gorki

Die Übung soll so sein,
wie es die Praxis verlangt.
Quintilian

Reden lernt man nur durch reden.
Cicero

Vertrauen gibt dem Gespräch
mehr Stoff als der Geist.
La Rochefoucauld

Für ein gutes Gespräch sind die Pausen
genauso wichtig wie die Worte.
von Doderer

Glückt die Gegenseitigkeit,
dann blüht das Zwischenmenschliche
im echten Gespräch auf.
Buber

Gute Unterhaltung besteht nicht darin,
dass man etwas Gescheites sagt, sondern
dass man etwas Dummes anhören kann.
Busch

Da gilt es zu feiern, recht lange zu schlafen
und ganz ohne Tadel dann gemütlich beisammen
die Sommernacht reizvoll zu verplaudern.
Horaz

Was kann es Süßeres geben,
als einen Freund zu haben, mit dem du
alles, was in deinem Herzen lebt,
bereden kannst, wie mit dir selber.
Meister Eckhart

Ich rede bisweilen mit Menschen
so, wie das Kind mit seiner Puppe redet:
Es weiß zwar, dass die Puppe es nicht versteht,
schafft sich aber durch eine angenehme
wissentliche Selbstdeutung
die Freude der Mitteilung.
Schopenhauer

Das warme Licht,
das eine mündliche Lehre ausstrahlt,
die helle Didaktik eines
freundschaftlichen Gesprächs,
ist der Überzeugungs- und Belehrungskraft
von Büchern weit überlegen.
Mandelstam

Die Genesung der Seelen wird vollbracht
durch den Gebrauch eines gewissen Zaubers.
Und dieser Zauber sind angemessene Worte.
Sokrates

Kalte Worte lassen Menschen erstarren,
hitzige Worte schmerzen sie.
Bittere Worte machen sie bitter,
und zornige Worte machen sie zornig.
Freundliche Worte bringen gleichfalls
ihr Abbild im Gemüt des Menschen hervor:
Sie erheitern, besänftigen und trösten ihn.

Pascal

7

Zungenspitzengefühl

Einmal
ausgesprochen,
fliegt ein Wort
unwiderruflich
davon.

Horaz

Nehmt eure Sprache ernst!
Nietzsche

Lass die Zunge nicht dem Verstand vorauseilen.
Chilon von Sparta

Deine Zunge eile nicht dem Gedanken voraus!
Bias von Priene

Ein Kluger bemerkt alles,
ein Dummer macht über alles seine Bemerkungen.
Heine

Der Mensch will beschäftigt sein:
Wer wenig denkt, muss viel sprechen.
Vauvenargues

Erheblich verbessern ließe sich
das Niveau der normalen Konversation
durch den häufigen Gebrauch der drei Wörter
„Ich weiß nicht".
Maurois

Wenn die Eitelkeit sie nicht reden ließe,
würden die meisten Menschen
überhaupt nicht reden.
La Rochefoucauld

Weise reden, weil sie etwas zu sagen haben, Toren
sagen etwas, weil sie reden müssen.
Platon

Es ist besser, mit dem Fuße
auszugleiten, als mit der Zunge.
Jenes bringt allenfalls einen Flecken auf dem
Mantel, den man wieder herauswaschen kann,
dieses aber hat einen dauernden
Makel zur Folge, denn das Gesagte
ist nicht wieder ungesagt zu machen.

Sokrates

8

Argumentieren

Viel leichter ist

Widerlegen als Beweisen,
... Umwerfen als Aufstellen.

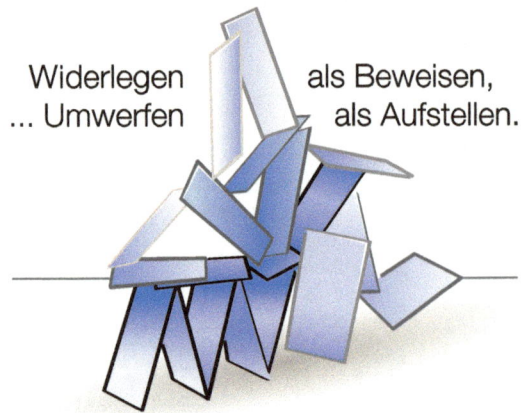

Schopenhauer

Argumente werden zusammen
mit dem Argumentierenden gewogen.
Brudzinski

Das Argument gleicht
dem Schuss einer Armbrust –
es ist gleichermaßen wirksam,
ob ein Riese oder
ein Zwerg geschossen hat.
Bacon

Argumente sollten vermieden werden,
sie sind immer vulgär
und oft überzeugend.
Wilde

Eine Grobheit besiegt jedes Argument.
Schopenhauer

Schlechte Argumente
bekämpft man am besten, indem man
ihre Darlegung nicht stört.
Smith

Ein Argument aber ist ein vernünftiger Satz, der
einen angezweifelten Sachverhalt absichern soll.
Cicero

Der Standpunkt macht es nicht,
sondern die Art, wie man ihn vertritt.
Fontane

Die Leute streiten, weil sie
nicht gelernt haben zu argumentieren.
Chesterton

Mit Sicherheit weiß ich nur das eine,
dass die Werturteile der Menschen unbedingt
von ihren Glückswünschen geleitet werden,
also ein Versuch sind, ihre Illusionen
mit Argumenten zu stützen.
Freud

9

Körper und Stimme

Die einzige Sprache,
die jeder versteht, ist

die Sprache des
menschlichen Gesichts.

Bloch

Wer stark ist, kann sich erlauben,
leise zu sprechen.
Roosevelt

Eines Menschen schiere Lippenbewegung
ist wesentlicher als das, was sie bewegt.
Brodsky

Man widerspricht oft einer Meinung,
während uns eigentlich nur der Ton,
mit dem sie vorgetragen wurde,
unsympathisch ist.
Nietzsche

Merke nicht nur auf das, was die Leute sagen,
sondern auch darauf, wie sie es sagen.
Wenn du einigen Scharfsinn hast, wirst du mehr
Wahrheit durch die Augen entdecken
als durch die Ohren. Die Leute können sagen,
was sie wollen, können sich aber nicht genau
eine Miene nach ihrem Willen geben.
von Chesterfield

Es liegt ein sonderbarer Quell der Begeisterung
für denjenigen, der spricht, in einem
menschlichen Antlitz, das ihm gegenübersteht;
und ein Blick, der uns einen halbausgedrückten
Gedanken schon als begriffen ankündigt,
schenkt uns oft den Ausdruck für
die ganze andere Hälfte desselben.
Kleist

Man lügt wohl mit dem Munde;
aber mit dem Maule, das man dabei macht,
sagt man doch noch die Wahrheit.
Nietzsche

Da ist oft ebensoviel Beredsamkeit im Ton
der Stimme, in den Augen und in der ganzen
Atmosphäre, die ein Redner um sich verbreitet,
wie in der Wahl seiner Worte.
La Rochefoucauld

Ein einziges Wort,
gesprochen mit Überzeugung in voller
Aufrichtigkeit und ohne zu schwanken,
während man Auge in Auge einander
gegenüber steht, sagt bei weitem mehr als
einige Dutzend Bogen beschriebenes Papier.
Dostojewski

Mit einer sehr lauten Stimme im Halse
ist man fast außerstande, feine Sachen zu denken.
Nietzsche

Das Verständlichste an der Sprache ist nicht
das Wort selber, sondern Ton, Stärke, Modulation,
Tempo, mit denen eine Reihe von Worten
gesprochen wird – kurz die Musik hinter
den Worten, die Leidenschaft hinter dieser Musik,
die Person hinter dieser Leidenschaft:
alles das also, was nicht geschrieben werden kann.
Nietzsche

10

Sprachphilosophie

sprich,
damit ich dich sehe.

Sokrates

Die Sprache ist
das Haus des Seins.
Heidegger

Nur was angesprochen
und ausgesprochen ist, hebt sich aus dem
traumhaften Strom des Geschehens.
Ich erfahre und erfasse deutlich,
was mir in der Sprache gegenwärtig wird.
Es ist wie ein Zauber; das Ding, das
mit seinem Namen angesprochen wird,
ist plötzlich da.
Was namenlos bloß ist und geschieht,
verdämmert im Grenzenlosen.
Jaspers

Der Mensch ist Mensch
nur durch Sprache.
von Humboldt

Das Menschlichste,
was wir haben,
ist doch die Sprache,
und wir haben sie,
um zu sprechen.
Fontane

Das Sprachvermögen überhaupt
ist ein im Grunde unerforschbares
Rätsel des Menschseins.
Jaspers

Wenn in der Seele wahrhaft
das Gefühl erwacht, dass die Sprache
nicht bloß ein Austauschungsmittel
zu gegenseitigem Verständnis, sondern
eine wahre Welt ist, welche der Geist
zwischen sich und die Gegenstände durch
die innere Arbeit seiner Kraft setzen muss,
so ist sie auf dem wahren Wege,
immer mehr in ihr zu finden
und in sie zu legen.
von Humboldt

Es ist ein Wunder der Sprache,
wie im Gebrauch der Worte
durch den Zusammenhang des Gedankens,
der Darstellung und der Satzgestaltung
Bedeutungen erwachsen aus den
einfachsten, alltäglich verwendeten Worten.
Jaspers

So viele Sprachen ich kenne, so oft bin ich Mensch.
Karl V.

Dass wir miteinander reden können,
macht uns zu Menschen.
Jaspers

11

Sprachkritik

Es gibt keine
größere Illusion
als die Meinung,

SPRACHE

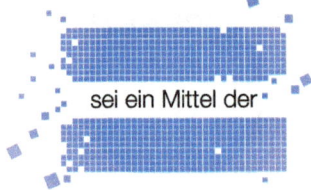

sei ein Mittel der

KOMMUNIKATION

zwischen Menschen.

Canetti

Die Menschen haben, wie es scheint,
die Sprache nicht empfangen,
um die Gedanken zu verbergen,
sondern um zu verbergen,
dass sie keine Gedanken haben.
Kierkegaard

Zungenfertige Redner sind fernzuhalten,
zungenfertige Redner verführen.
Konfuzius

Die Sprache ist wie ein Meißel,
der alles weghaut, was nicht Geheimnis ist,
und alles Sagen bedeutet ein Entfernen.
Frisch

Beginne ich zu sprechen,
so beginne ich zu irren.
Jaspers

Unsere Sprachen
sind das Werk des Menschen,
und die Menschen
sind Lügner.
Rousseau

12

Sprechen und Denken

Was man nicht bespricht,
bedenkt man auch nicht recht.

Goethe

Denken ist
Reden mit sich selbst.
Kant

Die Sprache ist
die Wirklichkeit des Gedankens.
Marx

Unser Denken
ist an Sprache gebunden,
weil es Mitteilung ist.
Ich verstehe nicht,
ohne mein Verstehen wenigstens
mir selbst mitzuteilen.
Jaspers

Beherrsche die Sache,
dann folgen auch die Worte.
Cato der Ältere

Der Gedanke wird erst klar,
mir selbst bewusst und mittelbar,
wenn er in der Sprache
sich niedergeschlagen hat.
Wissen muss sich aussprechen.
Ohne Sprache ist es nicht da.
Jaspers

Alle Sprache ist
Bezeichnung der Gedanken.
Kant

Aber weil ich doch irgendeine
dunkle Vorstellung habe, die mit
dem, was ich suche, von fern her
in einiger Verbindung steht, so prägt,
wenn ich nur dreist damit den Anfang mache,
das Gemüt, während die Rede fortschreitet,
in der Notwendigkeit, dem Anfang
nun auch ein Ende zu finden,
jene verworrene Vorstellung
zur völligen Deutlichkeit aus.
Ein solches Reden ist wahrhaft lautes Denken.
Die Sprache ist alsdann keine Fessel, etwa
wie ein Hemmschuh an dem Rade des Geistes,
sondern wie ein zweites mit ihm parallel
fortlaufendes, Rad an seiner Achse.
Kleist

Unser Denken
ist an Sprache gebunden,
weil es Mitteilung ist.
Ich verstehe nicht,
ohne mein Verstehen wenigstens
mir selbst mitzuteilen.
Jaspers

13

Kürze
und Klarheit

Man wird bei
allen Menschen von Geist
die Neigung finden, sich

auszudrücken.

Lichtenberg

Etwas Kurz-Gesagtes
kann die Frucht und Ernte
von vielem Lang-Gedachten sein.
Nietzsche

Als allgemeine Regel lässt sich aufstellen:
Es gibt keinen Satz, in dem man von zwanzig
Wörtern nicht fünf weglassen könnte.
Und wenn ich fünf sage,
bin ich noch bescheiden.
Léautaud

Es ist keine Kunst, etwas kurz zu sagen,
wenn man etwas zu sagen hat.
Lichtenberg

Meister der Beredsamkeit ist der,
der alles Nötige sagt und nur dies.
La Rochefoucauld

Talk low, talk slow and don't say too much.
Wayne

Tritt frisch auf – tu's Maul auf
und hör' bald auf.
Luther

Bewahre mich vor der Aufzählung
endloser Einzelheiten und verleihe mir
Schwingen, zur Pointe zu gelangen.
Theresia von Avila

Befreie mich, o Herr,
von der Vielrednerei, an der ich
drinnen, in meiner Seele, leide;
sie ist erbarmungswürdig.
Augustinus

Man muss nicht viel sprechen,
man muss wesentlich sprechen.
Blok

Alles, was sich aussprechen lässt,
lässt sich klar aussprechen.
Wittgenstein

Was ist der langen Rede kurzer Sinn?
Schiller

Viele Worte zu machen,
um wenige Gedanken mitzuteilen,
ist überall das untrügliche Zeichen
von Mittelmäßigkeit.
Schopenhauer

Kurz sei dein Rat,
wann immer du einen solchen gibst.
Horaz

Eine gute Rede ist wie ein Bikini –
knapp genug, um spannend zu sein, aber
alle wesentlichen Stellen abdeckend.
Kennedy

Eine gute Rede hat einen guten Anfang
und ein gutes Ende – und beide
sollten möglichst dicht beieinander liegen.
Twain

Die Rede muss sogar
den mit halbem Ohr Zuhörenden
verständlich sein.
Quintilian

Weitschweifigkeit verbiete sich
in allen Teilen der Rede,
nicht nur in der Erzählung,
und nicht auf Kürze, sondern
auf Angemessenheiten komme es an,
der Redner müsse sagen,
was um seiner Absichten willen
erforderlich sei.
Aristoteles

Ein Redner sei kein Lexikon.
Das haben die Leute zu Hause.
Tucholsky

Je schlechter der Redner,
desto länger seine Rede.
Japanisches Sprichwort

Before I speak,
I have something important to say.
Groucho

14

Stil
und Form

Wieviel in der Welt
auf Vortrag ankommt,
kann man schon
daraus sehen, dass

aus Weingläsern getrunken,
ein sehr elendes Getränk ist.

Lichtenberg

In der Rhetorik ist es der größte Fehler,
von der gebräuchlichen Redeweise und dem
gemeinen Menschenverstand abzuweichen.
Cicero

Hohe Bildung
kann man dadurch beweisen,
dass man die kompliziertesten Dinge
auf einfache Art zu erläutern versteht.
Shaw

Das passende Wort ist
das sicherste Zeichen
für das richtige Denken.
Isokrates

Schöne Wörter
sind in Wahrheit
das eigentliche
Licht des Gedankens.
Peri hypsous

Die stillsten Worte sind es,
welche den Sturm bringen.
Gedanken, die mit Taubenfüßen kommen,
lenken die Welt.
Nietzsche

Was man nicht klar und deutlich fühlt,
soll man nicht unklar ausdrücken.
Chinesisches Sprichwort

Ein Kaufmann macht
durch allzu großes Rühmen
die Ware, die ihm feil ist,
nur verdächtig.
Horaz

Wenn du eine weise Antwort verlangst,
musst du vernünftig fragen.
Goethe

Blas dich nicht auf: sonst bringet dich
zum Platzen schon ein kleiner Stich.
Nietzsche

Wenn du brillant über ein Problem reden kannst,
scheint das Problem bereits gelöst zu sein.
Kubrick

Klarheit in den Worten,
Brauchbarkeit in den Sachen.
Leibniz

Wer etwas Sagenswertes zu sagen hat,
braucht es nicht in preziöse Ausdrücke,
schwierige Phrasen und
dunkle Anspielungen zu verhüllen;
sondern er kann es einfach,
deutlich und naiv aussprechen,
und dabei sicher sein, dass es
seine Wirkung nicht verfehlen wird.
Schopenhauer

Eine abgelesene Rede garantiert,
dass Ihnen das Publikum nicht zuhört.
Kissinger

Für eine gelungene Rede
gebrauche gewöhnliche Worte
und sage ungewöhnliche Dinge.
Schopenhauer

Die Kunst des Ausdrucks besitzen:
Sie besteht nicht nur in der Deutlichkeit,
sondern auch in der Lebendigkeit des Vortrags.
Gracián

Jede Zahl in einem Vortrag
halbiert die Zahl der Zuhörer.
Herzog

Der gute Redner wird Vergleiche anwenden
und Vergleiche anbringen.
Cicero

Wer in seinen Worten nicht maßvoll ist,
von dem ist kaum zu erwarten,
dass er handelt, wie er spricht.
Konfuzius

Das Geheimnisvolle hat einen gewissen
göttlichen Anstrich. Wer im Sprechen leichtfertig ist,
wird bald überwunden oder überführt sein.
Gracián

Jeder Mensch hat seine eigene Sprache.
Sprache ist Ausdruck des Geistes.
Novalis

Es ist keineswegs gleichgültig,
wie man die Sachen nennt,
mit denen man sich beschäftigt.
Der Name schon bringt
eine Auffassungstendenz mit sich,
kann glücklich treffen oder
in die Irre führen.
Jaspers

Der Unterschied zwischen
dem richtigen Wort und dem
beinahe richtigen ist gewaltig.
Es ist der Unterschied zwischen
Blitz und Glühwürmchen.
Twain

Die Sprache der Wahrheit ist einfach.
Euripides

15

Meinungs-verschiedenheit und Disput

Gegner glauben
uns zu widerlegen,
indem sie ihre Meinung

wiederholen
wiederholen
wiederholen

und auf die unsre
nicht achten.

Goethe

Wer mit mir reden will, der darf nicht bloß
seine eigene Meinung hören wollen.

Raabe

Beredsamkeit setzt Freiheit voraus,
Offenheit, Unabgeschlossenheit, Vorläufigkeit.

Jens

Was kümmert mich
mein Geschwätz von gestern.
Nichts hindert mich, weiser zu werden.

Adenauer

Soviel Köpfe, soviel Meinungen!

Horaz

Nicht Tatsachen,
sondern Meinungen über Tatsachen
bestimmen das Zusammenleben.

Epiktet

In Meinungskämpfen
sei man dann am vorsichtigsten,
wenn die Gegner sich uns nähern.

Börne

Ich spreche nicht gern mit Leuten, die stets
meiner Meinung sind. Eine Zeitlang
macht es Spaß, mit dem Echo zu spielen,
auf die Dauer aber ermüdet es.

Carlyle

Es ist mit Meinungen, die man wagt,
wie mit Steinen, die man voran im Brette bewegt:
Sie können geschlagen werden, aber sie haben
ein Spiel eingeleitet, das gewonnen wird.
Goethe

Wie schwierig ist es,
dem Urteil eines anderen etwas zu unterbreiten,
ohne sein Urteil durch die Weise, wie man es
ihm unterbreitet, zu verderben!
Pascal

Wenn ich die Meinung eines andern anhören soll,
so muss sie positiv ausgesprochen werden;
Problematisches hab ich in mir selbst genug.
Goethe

Man kann auf seinem Standpunkt stehen,
aber man sollte nicht darauf sitzen.
Kästner

Ein Abend, an dem sich alle Anwesenden
völlig einig sind, ist ein verlorener Abend.
Einstein

Beim Disputieren ist ein sehr feiner
und bitterer Griff, erst die Gründe des Gegners
noch viel stärker vorzustellen, als er sie selbst
vorzustellen imstande war, und dann alles
mit triftigen Gründen aus dem Wege zu räumen.
Lichtenberg

Sowie etwas ausgesprochen ist,
sogleich wird ihm auch widersprochen,
wie der Ton gleich sein Echo hat.
Goethe

Eine Diskussion ist unmöglich mit jemandem,
der vorgibt, die Wahrheit nicht zu suchen,
sondern schon zu besitzen.
Rolland

Überzeugungen sind gefährlichere
Feinde der Wahrheit als Lügen.
Nietzsche

16

Überzeugungskraft

In

DIR

muss brennen,
was du in anderen
entzünden willst.

Augustinus

Rhetorik ist die Kunst, Glauben zu erwecken.
Aristoteles

Eifer ist das Salz der Beredsamkeit.
Hugo

Wenn ihr's nicht fühlt,
ihr werdet's nicht erjagen.
Wenn es nicht aus der Seele dringt
und mit urkräftigem Behagen
die Herzen aller Hörer zwingt.
Goethe

Du kannst von dem,
was du nicht fühlst,
nicht reden.
Shakespeare

Beredsam ist, wer, selbst ohne es zu wollen,
mit seiner Überzeugung oder Leidenschaft
Geist und Herz anderer erfüllt.
Vauvenargues

Denn das Herz ist es, was den Redner macht,
und die Ausdruckskraft der Empfindung.
Quintilian

Die Leidenschaften
sind die einzigen Redner,
die immer überzeugen.
La Rochefoucauld

Der Zuhörer ist nur dann wirklich gewonnen,
wenn er liebt, was du versprichst, fürchtet,
was du androhst, hasst, was du anklagst,
gern tut, was du empfiehlst, bedauert,
was du bedauernswert nennst.
Augustinus

Der äußere Vortrag, sage ich,
hat in der Beredsamkeit die größte Macht,
ohne ihn kann der größte Redner in keinen
Betracht kommen, mit ihm ausgerüstet der
mittelmäßige oft über den größten siegen.
Cicero

Um einen anderen zu überzeugen, muss man
seine Angelegenheit ruhig und genau darlegen.
Kratzen Sie sich dann am Kopf oder
schütteln Sie ihn ein bisschen und sagen Sie
dann, dass Sie sich aber möglicherweise auch
irren können. Diese Bemerkung hindert Ihren
Gesprächspartner daran, Ihnen gleich wütend
zu widersprechen. Er wird eher versuchen, Ihnen
zu helfen, die Wahrheit zu finden und
Zweifel zu überwinden.
Franklin

17

Strategie
und Taktik

Sprache ist
eine Waffe.
Haltet sie scharf.

Tucholsky

Wer sich tief weiß,
bemüht sich um Klarheit;
wer der Menge tief scheinen möchte,
bemüht sich um Dunkelheit.
Nietzsche

Zum zehnten Mal wiederholt, wird es gefallen.
Horaz

Von jeder Sache gibt es
zwei einander widersprechende
Auffassungen; die Redekunst kann
die minder zutreffende Auffassung
als die stichhaltigere hinstellen.
Protagoras

In der Dichtkunst geht alles
ehrlich und aufrichtig zu.
Aber Rednerkunst ist, als Kunst,
sich der Schwächen der Menschen
zu seinen Absichten zu bedienen,
gar keiner Achtung würdig.
Kant

Es ist unmöglich, die Menschen zu kennen,
ohne die Macht der Worte zu kennen.
Freud

Sag deinem Freund nicht,
was dein Feind nicht hören soll.
Aratos von Soloi

Sage nicht alles,
was du weißt,
aber wisse immer,
was du sagst.
Claudius

Wo die Worte gar so leicht
und behende dahinfahren,
da sei auf deiner Hut; denn die Pferde,
die den Wagen mit Gütern hinter sich haben,
gehen langsameren Schrittes.
Claudius

Überlege oft, was du über jemanden sagst
und wem du es sagst.
Horaz

Wer will, dass ihm die anderen
sagen, was sie wissen, der muss ihnen sagen,
was er selbst weiß. Das beste Mittel, Informationen
zu erhalten, ist, Informationen zu geben.
Machiavelli

Kürze die lange Rede,
damit sie nicht verdächtig wirke.
Seneca

Es ist rhetorische Gewohnheit,
sich die Rede des Gegners so zurechtzulegen,
wie man sie besser verwerten kann.
Bismarck

Die Rede, die zum Ziel führt, ist gut.
Sophokles

Rede nie schlecht über dich.
Talleyrand

Ein guter Redner
muss etwas vom Dichter haben,
darf es also mit der Wahrheit nicht ganz
mathematisch genau nehmen.
Bismarck

Alles, was du sagst,
sollte wahr sein.
Aber nicht alles, was wahr ist,
solltest du auch sagen.
Voltaire

Worte können wie
winzige Arsendosen sein:
Sie werden unbemerkt verschluckt;
sie scheinen keine Wirkung zu tun –
und nach einiger Zeit ist
die Giftwirkung doch da.
Klemperer

Einschmeichelnde Worte haben ihr eigenes Gift.
Publilius Syrus

Im Lobe ist mehr Zudringlichkeit als im Tadel.
Nietzsche

An Lob verträgt man bekanntlich
ungemessene Mengen.
Freud

Den Menschen ist die Sprache gegeben,
um ihre Gedanken zu verbergen.
Talleyrand

18

Verhandeln

Gehen sie nur
mit Siegesgewissheit
in Verhandlungen.
Treten sie gar nicht erst
an, wenn sie Zweifel
am Ausgang der
Verhandlung hegen.

Biedenkopf

Es ist Unsinn, Türen zuzuschlagen,
wenn man sie angelehnt lassen kann.
Fulbright

Damit es Fortschritte bei Verhandlungen gibt,
ist ein Umfeld erforderlich, in dem ein gewisses
Gleichgewicht der Kräfte herrscht.
Kissinger

Die erbarmungsloseste Waffe
ist die gelassene Darlegung der Fakten.
Barre

Charme ist ein Mittel, ein „JA" zu erhalten,
ohne präzise eine Frage danach gestellt zu haben.
Camus

Das Geheimnis des Erfolges ist
zu wissen, wie man abwartet.
de Maistre

Ein gutes Argument wirkt wundervoll.
Nur nicht auf den, der etwas hergeben soll.
Brecht

Gute Verhandlungstaktik besteht darin,
die Antwort zu provozieren, die man haben will.
Habe

19

Interkulturelle Kommunikation

KULTUR
beginnt im Herzen
jedes einzelnen.

Nestroy

Kultur ist der Sieg
der Überzeugung über die Gewalt.
Platon

Geschickte Reden und
eine zurechtgemachte Erscheinung
sind selten Zeichen von Mitmenschlichkeit.
Konfuzius

Der ist nicht fremd,
wer teilzunehmen weiß.
Goethe

Denn überhaupt um fremden Wert
willig und frei anzuerkennen
und gelten zu lassen,
muss man eigenen haben.
Schopenhauer

Um uns gegen fremde, der unsrigen
entgegengesetzte Ansichten tolerant und
beim Widerspruch geduldig zu machen,
ist vielleicht nichts wirksamer,
als die Erinnerung, wie häufig wir selbst,
über denselben Gegenstand, sukzessiv ganz
entgegengesetzte Meinungen gehegt und
solche, bisweilen sogar in sehr kurzer Zeit
wiederholt gewechselt, bald die eine Meinung,
bald wieder ihr Gegenteil, verworfen
und wieder aufgenommen haben.
Schopenhauer

Toleranz sollte eigentlich
nur eine vorübergehende Gesinnung sein:
sie muss zur Anerkennung führen.
Dulden heißt beleidigen.
Goethe

Was ist das: Toleranz?
Es ist die schönste Gabe der Menschlichkeit.
Wir sind alle voller Schwächen und Irrtümer;
vergeben wir uns also gegenseitig unsere Torheiten.
Das ist das erste Gebot der Natur.
Voltaire

20

Humor, Scherz und Schlagfertigkeit

Schlagfertigkeit
ist etwas,

worauf du erst
24 Stunden
später kommst.

Twain

Verstand und Genie rufen
Achtung und Hochschätzung hervor,
Witz und Humor erwecken
Liebe und Zuneigung.
Hume

Wenn etwas im Scherz
gesagt wird, ist es unfein,
es ernst zu nehmen.
Phaedrus

Ein Scherz, ein lachend Wort
entscheidet oft die größten Sachen
treffender und besser
als Ernst und Schärfe.
Horaz

Witz ist Intellekt auf dem Bummel.
Wilde

Was verbietet es,
lachend die Wahrheit zu sagen?
Horaz

Nur Dummköpfe und Fanatiker
haben überhaupt keinen Humor.
Talleyrand

Humor ist eines des besten Kleidungsstücke,
die man in Gesellschaft tragen kann.
Thackeray

Geistreiche Menschen
geraten öfter in Verlegenheit als dumme;
denn man muß Geist besitzen,
um die Geistesgegenwart
verlieren zu können.
Börne

Schlagfertigkeit:
Erwiderung in Form einer
vorsichtigen Beleidigung.
Bierce

Editorische Notiz

Die Zitate in diesem Buch wurden über einige Jahre aus sehr verschiedenen, verstreuten Quellen zusammengetragen. Zum Teil handelt es sich um zufällige Fundstücke, zum Teil wurde aber auch gezielt gesucht. Manche Zitate wurden übersetzt, bei einigen ist die Überlieferung nicht ganz klar und es gibt Textvarianten, wieder andere werden den Autoren lediglich zugeschrieben.

Gerade bei Texten kann oftmals nicht mit letzter Gewissheit geklärt werden, woher sie kommen, welche Geschichte sie haben, und wie sie sich in Zukunft vielleicht verändern werden. Wir haben bewusst auf ein Literaturverzeichnis verzichtet, das im Wissenschaftsbetrieb gute Sitte ist, für dieses Buch aber nicht gebraucht wird. Sicher ist: Sie sind in der Welt, diese Texte – sie haben uns gefunden, wir haben sie gefunden. So konnte dieses Buch entstehen, in dem bemerkenswerte Texte „Über die hohe Kunst der Kommunikation" erstmals gebündelt dargestellt sind. Und: Dies ist erst der Anfang, das Suchen und Finden geht weiter.

Autorenverzeichnis

A

Adenauer, Konrad *(dt. Politiker, 1876-1967)*
Aratos von Soloi *(griech. Dichter, um 310-245 v. Chr.)*
Arendt, Hannah *(dt.-amerik. Schriftstellerin, 1906-1975)*
Aristoteles *(griech. Philosoph, 384-322 v. Chr.)*
Aurelius Augustinus *(röm. Philosoph, 354-430)*

B

Bachmann, Ingeborg *(österr. Schriftstellerin, 1926-1973)*
Bacon, Francis *(engl. Philosoph, 1561-1626)*
Barre, Raymond *(frz. Politiker, 1924-2007)*
Bias von Priene *(griech. Philosoph, um 590-530 v. Chr.)*
Biedenkopf, Kurt *(dt. Politiker, *1930)*
Bierce, Ambrose *(amerik. Schriftsteller, 1842-1914)*
Bingen, Hildegard von *(dt. Mystikerin, 1098-1179)*
Bismarck, Otto von *(dt. Politiker, 1815-1898)*
Bloch, Ernst *(dt. Philosoph, 1885-1977)*
Blok, Alexander *(russ. Dichter, 1880-1921)*
Börne, Ludwig *(dt. Schriftsteller, 1786-1837)*
Brecht, Bertolt *(dt. Schriftsteller, 1898-1956)*
Brudzinski, Wieslaw *(poln. Satiriker, 1920-1996)*
Buber, Martin *(österr. Philosoph, 1878-1965)*
Busch, Wilhelm *(dt. Dichter, 1832-1908)*

C

Camus, Albert *(frz. Schriftsteller, 1913-1960)*
Canetti, Elias *(bulgar. Schriftsteller, 1905-1994)*
Carlyle, Thomas *(schott. Historiker, 1795-1881)*
Cato d. Ältere *(röm. Feldherr, 234-149 v. Chr.)*
Chesterfield, Philip Dormer Stanhope *(engl. Schriftsteller, 1694-1773)*
Chesterton, Gilbert Keith *(engl. Schriftsteller, 1874-1936)*

Chilon von Sparta *(griech. Politiker, 6. Jhdt. v. Chr.)*
Churchill, Winston *(engl. Politiker, 1874-1965)*
Cicero *(röm. Politiker, 106-43 v. Chr.)*
Claudius, Matthias *(dt. Dichter, 1740-1815)*
Coolidge, Calvin *(amerik. Politiker, 1872-1933)*

D

de Clapiers, Luc *(Marquis de Vauvenargues) (frz. Philosoph, 1715-1747)*
de La Fontaine, Jean *(frz. Schriftsteller, 1621-1695)*
de La Rochefoucauld, François *(frz. Politiker, 1613-1680)*
de Maistre, Joseph *(frz. Philosoph, 1753-1821)*
de Montaigne, Michel *(frz. Philosoph, 1533-1592)*
de Saint-Exupéry, Antoine *(frz. Schriftsteller, 1900-1944)*
de Talleyrand-Périgord, Charles-Maurice *(frz. Politiker, 1754-1838)*
Doderer, Heimito von *(österr. Schriftsteller, 1896-1966)*
Dostojewski, Fjodor *(russ. Schriftsteller, 1821-1881)*
du Maurier, Daphne *(engl. Schriftstellerin, 1907-1989)*

E

Ebner-Eschenbach, Marie von *(österr. Schriftstellerin, 1830-1916)*
Einstein, Albert *(dt. Physiker, 1879-1955)*
Enzensberger, Magnus *(dt. Schriftsteller, *1929)*
Epiktet *(griech. Philosoph, um 55-135)*
Euripides *(griech. Dramatiker, 480-406 v. Chr.)*

F

Foerster, Heinz von *(österr. Physiker, 1911-2002)*
Fontane, Theodor *(dt. Schriftsteller, 1819-1898)*
Franklin, Benjamin *(amerik. Schriftsteller, 1706-1790)*
Freud, Sigmund *(österr. Psychologe, 1856-1939)*
Frisch, Max *(schweiz. Schriftsteller, 1911-1991)*

Fulbright, James William *(amerik. Politiker, 1905-1995)*

G

Geißner, Hellmut *(dt. Sprechwissenschaftler, 1926-2012)*
Gide, André *(frz. Schriftsteller, 1869-1951)*
Goethe, Johann Wolfgang von *(dt. Dichter, 1749-1832)*
Gorki, Maxim *(russ. Schriftsteller, 1868-1936)*
Gracián, Baltasar *(span. Schriftsteller, 1601-1658)*
Graff, Sigmund *(dt. Schriftsteller, 1898-1979)*

H

Habe, Hans *(ungar. Schriftsteller, 1911-1977)*
Hamilton, William *(schott. Diplomat, 1730-1803)*
Heidegger, Martin *(dt. Philosoph, 1889-1976)*
Heine, Heinrich *(dt. Dichter, 1797-1856)*
Hemingway, Ernest *(amerik. Schriftsteller, 1899-1961)*
Herder, Gottfried *(dt. Schriftsteller, 1744-1803)*
Herzog, Roman *(dt. Politiker, 1934-2017)*
Hesse, Hermann *(dt. Dichter, 1877-1962)*
Horaz *(röm. Dichter, 65-8 v. Chr.)*
Hugo, Victor *(frz. Schriftsteller, 1802-1885)*
Humboldt, Wilhelm von *(dt. Schriftsteller, 1767-1835)*
Hume, David *(schott. Philosoph, 1711-1776)*

I

Isokrates *(griech. Redner, 436-338 v. Chr.)*

J

Jaspers, Karl *(dt. Philosoph, 1883-1969)*
Jens, Walter *(dt. Literaturhistoriker, 1923-2013)*
Jünger, Ernst *(dt. Schriftsteller, 1895-1998)*

K

Kästner, Erich *(dt. Schriftsteller, 1899-1974)*

Kant, Immanuel *(dt. Philosoph, 1724-1804)*

Karl V. *(Kaiser des Hlg. Röm. Reichs, 1500-1558)*

Kennedy, John F. *(amerik. Präsident, 1917-1963)*

Kierkegaard, Søren *(dän. Philosoph, 1813-1855)*

Kissinger, Henry *(amerik. Politiker, *1923)*

Kleist, Heinrich von *(dt. Dichter, 1777-1811)*

Klemperer, Victor *(dt. Schriftsteller, 1881-1960)*

Konfuzius *(chines. Philosoph, 551-479 v. Chr.)*

Kubrick, Stanley *(amerik. Regisseur, 1928-1999)*

L

Léautaud, Paul *(frz. Schriftsteller, 1872-1956)*

Leibniz, Gottfried Wilhelm *(dt. Mathematiker, 1646-1716)*

Lichtenberg, Georg Christoph *(dt. Mathematiker, 1742-1799)*

Lincoln, Abraham *(amerik. Politiker, 1809-1865)*

Luther, Martin *(dt. Theologe, 1483-1546)*

M

Machiavelli, Niccolò *(ital. Philosoph, 1469-1527)*

Mandelstam, Ossip *(russ. Dichter, 1891-1938)*

Marx, Groucho *(amerik. Schauspieler, 1890-1977)*

Marx, Karl *(dt. Philosoph, 1818-1883)*

Maurois, André *(frz. Schriftsteller, 1885-1967)*

Meister Eckhart *(dt. Mystiker, 1260-1328)*

Merkel, Angela *(dt. Politikerin, *1954)*

Morgenstern, Christian *(dt. Dichter, 1871-1914)*

N

Nestroy, Johann *(österr. Schriftsteller, 1801-1862)*

Nietzsche, Friedrich *(dt. Philosoph, 1844-1900)*
Novalis *(dt. Dichter, 1772-1801)*

O

Orwell, George *(engl. Schriftsteller, 1903-1950)*
Ovid *(röm. Dichter, 43 v. Chr. - 17 n. Chr.)*

P

Pascal, Blaise *(frz. Philosoph, 1623-1662)*
Phaedrus *(röm. Dichter, um 15 v. Chr. - 60 n. Chr.)*
Platon *(griech. Philosoph, um 428-348 v. Chr.)*
Protagoras *(griech. Philosoph, 486-411 v. Chr.)*
Publilius Syrus *(röm. Schriftsteller, 1. Jhdt. v. Chr.)*
Pythagoras *(griech. Philosoph, um 570-510 v. Chr.)*

Q

Quintilian *(röm. Schriftsteller, um 35-96)*

R

Raabe, Wilhelm *(dt. Schriftsteller, 1831-1910)*
Rolland, Romain *(frz. Schriftsteller, 1866-1944)*
Roosevelt, Theodore *(amerik. Politiker, 1858-1919)*
Rotterdam, Erasmus von *(niederl. Theologe, 1466-1536)*
Rousseau, Jean-Jacques *(frz. Philosoph, 1712-1778)*
Rusk, Dean *(amerik. Politiker, 1909-1994)*

S

Schiller, Friedrich *(dt. Dichter, 1759-1805)*
Schopenhauer, Arthur *(dt. Philosoph, 1788-1860)*
Shakespeare, William *(engl. Dichter, 1564-1616)*
Shaw, George Bernard *(irisch. Schriftsteller, 1856-1950)*

Seneca *(röm. Philosoph, 4 v. Chr. - 65 n. Chr.)*
Smith, Sidney *(engl. Schriftsteller, 1771-1845)*
Sokrates *(griech. Philosoph, 469-399 v. Chr.)*
Solon *(griech. Politiker, um 640-560 v. Chr.)*
Sophokles *(griech. Dichter, 497-406 v. Chr.)*

T

Tabori, George *(ungar. Schriftsteller, 1914-2007)*
Thackeray, William Makepeace *(engl. Schriftsteller, 1811-1863)*
Teresa von Ávila *(span. Mystikerin, 1515-1582)*
Tucholsky, Kurt *(dt. Schriftsteller, 1890-1935)*
Twain, Mark *(amerik. Schriftsteller, 1835-1910)*

V

Voltaire *(frz. Philosoph, 1694-1778)*

W

Watzlawick, Paul *(österr.-amerik. Psychologe, 1921-2007)*
Wayne, John *(amerik. Schauspieler, 1907-1979)*
Weizsäcker, Richard von *(dt. Politiker, 1920-2015)*
Wilde, Oscar *(irisch. Schriftsteller, 1854-1900)*
Wittgenstein, Ludwig *(österr. Philosoph, 1889-1951)*

Z

Zeldin, Theodore *(*1933, engl. Schriftsteller)*

Zeitfracht Medien GmbH
Ferdinand-Jühlke-Straße 7
99095 Erfurt, Deutschland
produktsicherheit@kolibri360.de